I0059901

FACULTÉ MARSEILLAISE LIBRE
DE DROIT

SÉANCE SOLENNELLE DE RENTRÉE

du 5 Novembre 1898

DISCOURS

de M. le Député J. THIERRY

MARSEILLE

TYPOGRAPHIE ET LITHOGRAPHIE BARLATIER
19, Rue Venture, 19

—

1898

FACULTÉ MARSEILLAISE LIBRE
DE DROIT

SÉANCE SOLENNELLE DE RENTRÉE

du 5 Novembre 1898

—

DISCOURS

de M. le Député J. THIERRY

MARSEILLE

TYPOGRAPHIE ET LITHOGRAPHIE BARLATIER
19, Rue Venture, 19

—

1898

Discours de M. le Député J. Thierry

MESSIEURS,

Lorsque votre éminent doyen me conviait à l'honneur de prononcer le discours de rentrée à la Faculté marseillaise libre de Droit, je me suis représenté qu'il convenait de traiter un sujet se rapportant à l'enseignement supérieur.

Et quel autre sujet pourrais-je adopter en ce moment que l'Université de Marseille, c'est-à-dire la réunion dans cette ville de nos Facultés, en un mot le transfert.

Ne sommes nous tous pas en ce moment les collaborateurs de cette œuvre. La Municipalité de Marseille, en créant notre Faculté, a déployé une initiative louable et courageuse, je le dis très haut, car nul ne se méprendra sur l'indépendance et l'impartialité de mon jugement.

Les professeurs distingués qui apportent ici leur enseignement sacrifient à notre idée, sans arrière pensée

d'avenir, le temps qu'ils prélèvent sur une vie labo-
rieuse au détriment de leur profession ; nos nombreux élèves, qu'ils le veuillent ou non, sont par leur
présence une démonstration pour les pouvoirs publics ;
enfin vous tous, Mesdames et Messieurs, parents,
amis, invités, corps élus, qui rehaussez par votre présence l'éclat de cette rentrée, vous n'êtes pas des
spectateurs, vous êtes le puissant concours d'une sym-
pathie imposante et éclairée qui se manifeste. Et quelle
œuvre plus grande pourrions-nous poursuivre ensem-
ble aujourd'hui, quelle moralité plus haute pourrions-
nous tirer de cette réunion à l'adresse du gouvernement de la République, si ce n'est un vœu plus efficace
et plus impérieux en faveur de l'Université Marseillaise.

Dans notre démocratie, tous les esprits libres ont
constaté avec effroi tout ce que la formidable attraction
de Paris absorbe de professeurs et d'élèves. Ce n'est là
du reste qu'un aperçu contingent ; si nous montons
plus haut pour élargir nos vues, nous voyons que
l'excessive centralisation de notre unité française ané-
mie dans nos provinces toutes les branches de l'activité
humaine.

Avec les sociologues les plus divergents, avec l'école
de Taine, et avec celle de le Play, nous pouvons affirmer qu'il est grand temps de favoriser l'autonomie
communale et régionale, de développer des institutions
ayant leur originalité propre, sauvegardant le tour
d'esprit, le tempérament par lesquels se caractérise
chaque région.

Les Universités provinciales existaient dans les
siècles précédents mais à un autre titre que celle que

nous réclamons. C'était les quatre vieilles facultés de Boileau qui vivaient côte à côte.

Elles ont rendu de grands services, produit des hommes illustres, mais dans l'état de développement où était alors la science, leur juxtaposition était plutôt un bon voisinage qu'une condition de synthèse féconde et créatrice.

Après la Révolution, l'enseignement supérieur fut rétabli, mais l'accord n'existait pas sur la manière de l'organiser ; les uns voulaient morceler, les autres voulaient souder les branches de l'enseignement.

Mirabeau, Talleyrand, les encyclopédistes et Condorcet concluaient à la synthèse. Mais dans notre Société nouvelle, il fallait d'abord organiser des professions, faire des ingénieurs, des professeurs, des médecins, des avocats, des officiers. Napoléon va bientôt créer l'Université impériale. Il lui demandera, non pas d'orner et d'éclairer l'esprit de ses élèves, mais de lui donner pour l'Etat des sujets doués d'aptitudes bien spéciales.

Mieux inspirée, l'Allemagne, au lendemain de ses défaites, établit dans ses grandes villes, en commençant par Berlin, ses grandes Universités dont le philosophe Schleiermacher pourra dire : « Quand sera fondée cette organisation scientifique, elle n'aura point d'égale ; grâce à sa force intérieure, elle exercera son empire bien au-delà des limites de la monarchie prussienne. »

Chez nous, le système de la division se perpétue, et en 1870 le célèbre chimiste Dumas écrivait : « Le mode actuel d'enseignement ne peut être continué sans devenir pour lui une source de décadence, d'affaiblissement de dégénérescence. »

Tous ceux qui ont eu le souci d'entretenir sur toute la surface de la France la tradition des hautes cultures intellectuelles, la solidarité des sciences, la connexité des études, tous ont été des artisans des centralisations universitaires, depuis Jules Simon jusqu'à Berthelot.

Ici encore, les écoles les plus distinctes ont été d'accord : « Dans un pays de démocratie grandissante, dit éloquemment le père Didon, on ne saurait attacher trop d'importance à l'organisation de la science totale, à l'éducation large des esprits en pleine lumière de la raison. » Au Parlement, Jules Ferry disait judicieusement : « Nous voulons des Universités qui ne se ressembleront pas exactement, qui répondront dans chaque région, non pas seulement aux besoins locaux, mais aux idées locales. »

L'unité de l'esprit humain dans la recherche est devenue une loi imprescriptible. Quelle n'est pas l'action de la chimie sur la médecine, de la médecine sur la physiologie, de la physiologie sur la philosophie, de la philosophie et de l'histoire sur le droit. M. le Maire pourrait l'affirmer mieux que moi : le chimiste Pasteur a eu plus d'influence sur la médecine qu'Hypocrate et Charcot. Ce serait aujourd'hui nier la science elle-même que nier son unité.

Mais si nous descendons du domaine de la pensée dans les difficultés de la pratique, que d'obstacles n'allons-nous pas rencontrer ? Les idées d'unification que nous venons de retracer, et sur lesquelles nous sommes tous d'accord, ont rencontré d'abord des adversaires redoutables.

Des républicains autorisés, comme M. Challemel-

Lacour, ne voyaient dans l'organisation nouvelle qu'un retour aux corporations du moyen-âge, ou une servile imitation des universités anglaises et allemandes.

Le temps a fait justice de ces susceptibilités politiques et patriotiques.

Nous verrons un peu plus loin qu'aujourd'hui le particularisme des intérêts locaux n'a f pas cessé de paralyser le bon vouloir des pouvoirs publics.

Mais l'idée qui compte depuis de longues années dans l'administration supérieure de l'enseignement des partisans convaincus, tels que MM. Liard, Lavisse et Gréard, l'idée faisait son chemin. Dès le 17 novembre 1883, l'Université de France, consultée par M. Jules Ferry, répondait favorablement : « Nous « aurions obtenu, avait dit le Ministre, un grand ré- « sultat, s'il nous était possible de constituer un jour « des Universités rapprochant les enseignements les « plus variés pour qu'ils se prêtent un mutuel secours, « gérant elles-mêmes leurs affaires, pénétrées de leurs « devoirs et de leur valeur, s'inspirant des idées « propres à chaque partie de la France dans la variété « que comporte l'unité du pays, rivales des Univer- « sités voisines associant dans ces rivalités l'intérêt de « leurs prospérités au désir qu'ont les grandes villes « de faire mieux que les autres. »

Sur 64 facultés ou conseils académiques, 46 se sont déclarés favorables au projet. M. Goblet succéda à Jules Ferry ; s'inspirant avec prudence de cette haute consultation, il établit par les décrets de juillet et décembre 1885, le Conseil général des Facultés avec des attributions scientifiques et budgétaires, ces dernières précisées dans l'article 51 de la loi de finance du 17 juillet 1889. M. Bourgeois pouvait dire plus tard : « Ce décret de 1885 a établi déjà entre les « facultés de nos différentes villes des liens à une « vie commune ; ces universités qu'il s'agit de créer « sont déjà tout entières en puissance tout au moins, « dans ces groupes de facultés auxquels le décret « de 1885 avait assuré l'existence. »

C'est en 1890 que M. Bourgeois, ministre de l'Instruction Publique, s'exprimait ainsi, alors qu'il soutenait avec un rare talent le projet de loi destiné à la création définitive des universités. Ce projet de loi fit l'objet devant le Sénat de nombreux amendements et contre-projets tendant tous au même but ; leur complication provoqua le renvoi à une Commission. Les études continuèrent et en 1892 notamment un nouveau projet fut présenté par M. Bardoux.

C'est le 28 avril 1893, que l'article 71 de la loi de finance conféra « la personnalité civile aux corps formés dit la loi, par la réunion de plusieurs facultés de l'Etat dans un même ressort académique. »

Enfin le 10 juillet 1896, triomphaient tant d'efforts accumulés. Après d'intéressants débats dans les deux Chambres, la loi fut promulguée.

Elle confère le nom d'Université aux corps de facultés institués par la loi de 1893, et celui des Conseils de l'Université au Conseil Général de faculté. Elle règle en même temps, sauf intervention ultérieure du décret du 21 juillet 1897, la gestion disciplinaire et financière de ces Universités. « Telles que la loi les a « constituées, dit M. Liard, les Universités Françaises « sont des organes de l'Etat, mais des organes plus

« souples qu'autrefois, animés d'une vie propre, et
« trouvant dans leur vie civile des moyens de mieux
« réaliser leurs fonctions scientifiques. » C'est bien à
M. Liard qu'il appartient de qualifier les résultats
obtenus. Si chaque Ministre apportait sa pierre à l'édi-
fice, c'est M. Liard, qui, par la clarté de ses vues, la
force de sa volonté, a assuré la continuité et la mé-
thode de l'entreprise. Marseille pourvue de ses Universités, honorera plus tard son nom, car dans une
sphère plus large, il a fait beaucoup pour la cause que
nous défendons.

Voilà donc l'organisme des Universités constitué
légalement après des controverses, des études, des
atermoiements qui réunissent tout ce qu'une grande
œuvre de ce genre peut comporter de circonspection,
de garantie et de concours. Voilà les professeurs des
corps de Facultés, appelés à s'administrer eux-mêmes
et à se réunir dans de fréquentes délibérations. Voilà
les Facultés groupées sous une dénomination commune
dans le seul but de confondre leur action scientifique.

Il semble dès lors que tout ce qui pourrait subsister
à l'encontre de cette donnée serait illicite et illégal.
Que le pouvoir exécutif n'ait qu'à sanctionner par des
actes la loi la plus mûrement étudiée, la plus cons-
ciemment voulue qui ait jamais été promulguée.
L'intérêt supérieur de l'instruction publique réside
uniquement désormais dans l'application de ce régi-
me sur la nécessité duquel tous les hommes d'Etat et
tous les penseurs français se sont mis d'accord.

Lorsqu'un principe d'intérêt général s'affirme avec
cette puissance et cette unanimité, il doit prévaloir ;
s'il lèse des intérêts privés, ces intérêts doivent lui être

2

sacrifiés ; si les intérêts qui se prétendent lésés peuvent être dédommagés, tout retard dans l'application constitue une faute lourde envers la Société.

Mais les lois bien souvent constatent et consacrent les aspirations et les faits accomplis bien plus qu'elles ne les provoquent.

Dans toutes nos grandes villes : Lyon, Montpellier, Toulouse, Bordeaux, Nancy, à la faveur des décrets qui avaient précédé la loi, l'entente des Municipalités et de la Direction de l'enseignement avait déjà fait créer des groupements universitaires. Au moment du décret de 1885, deux d'entre eux présentaient des difficultés incompatibles avec l'esprit du décret et de la loi future. C'étaient les corps d'Aix-Marseille et de Douai-Lille. La Faculté des Lettres et la Faculté de Droit se mouraient à Douai, tandis que prospéraient à Lille une Ecole de Médecine et une Faculté des Sciences.

La Municipalité de Douai écartait jalousement du chevet de ses Facultés agonisantes les amis de l'Instruction publique, et pourtant le 9 juillet 1886, le Conseil général des Facultés de Douai émettait un avis favorable au transfert à Lille, imitant celui des Facultés d'Aix qui avait dès le 4 juin 1886 émis un avis favorable au transfert à Marseille.

Hélas ! le sort de ces deux groupes va être bien différent ! La loi de 1896 qui ne sera pour le transfert de Douai-Lille qu'une consécration rétro-active n'a pas été considérée comme un motif suffisant pour prononcer le transfert d'Aix à Marseille.

C'est le 22 octobre 1887 que par deux décrets basés sur l'avis facultatif du Conseil supérieur de l'Instruction publique, le président Grévy a fixé à Lille le siège des Facultés des Lettres et de Droit de l'Académie de Douai.

J'ai vainement cherché les motifs de cette différence de traitement. La situation des deux Académies n'était pas analogue, elle était identique. A Lille : Ecole de Médecine et Faculté des Sciences ; à Douai : Faculté des Lettres et de Droit. A Douai : Siège de l'Académie, d'où la prétention, pour les anti-transféristes douaisiens que réunir les quatre Facultés, c'était transplanter virtuellement l'Académie, ce qui ne pouvait se faire que par une loi.

La Cour d'Appel siège à Douai, et l'on s'écrie qu'on va priver les étudiants en droit de leur école pratique, comme si tous les étudiants en droit étaient destinés à la carrière judiciaire. La Municipalité de Douai prend une délibération contraire au transfert, et à celle de la Municipalité de Lille qui propose son concours pécuniaire.

Lorsque le 29 janvier 1887 M. le sénateur Leydet, alors député d'Aix, monte à la tribune pour protester contre l'avis du Conseil général de l'Université, M. Louis Legrand en fait autant au profit de la ville de Douai. Le ministre M. Berthelot, répond qu'il saisira le Conseil supérieur d'Instruction publique des vœux émis par les Conseils généraux des Facultés. C'est à cet avis du Conseil supérieur, nous l'avons vu, que se réfèrent les décrets de transfert à Lille. Comment se fait-il qu'en juillet 1898, nous n'ayons pu obtenir, malgré des instances très énergiques de toute la représentation législative de Marseille, que le Conseil supérieur fût saisi de la question Aix-Marseille,

Si Lille est un centre industriel et commercial important, Marseille présente un bien autre intérêt au point de vue de ses droits à la solidarité des moyens intellectuels. Son développement comporte un avenir illimité, sa situation sur la Méditerranée la désigne comme le phare qui devrait répandre dans l'Orient la lumière de la pensée française. Pour les peuples de l'Orient, a-t-on dit avec beaucoup de raison, la France c'est Marseille ; c'est vers Marseille qu'on verrait accourir les étudiants de la Turquie d'Europe et d'Asie, de la Grèce, de la Roumanie, de la Bulgarie, de l'Egypte. Tous ceux de notre génération qui ont fait leurs études à Aix se souviennent qu'il y a une vingtaine d'années, on y voyait à la Faculté de droit des véritables colonies d'étudiants Egyptiens et Roumains. Ils ont entièrement disparu depuis. Quelques-uns de ces jeunes gens sont maintenant à Montpellier où ils trouvent un groupe de Facultés plus intéressant. Mais la plupart se rendent à Vienne, à Naples et à Berlin. On ne saurait affirmer que la ville d'Aix soit restée étrangère à la question. Il y avait à la Faculté de Droit de cette ville un cours de langue Française à l'usage des étudiants de nationalité étrangère. Ce cours a été supprimé en 1896.

Notre école supérieure de commerce où sont enseignés le droit commercial maritime et industriel et l'économie politique, ne saurait se passer plus longtemps du contact de la Faculté de droit.

Voilà plusieurs années que le Gouvernement étudie l'organisation trop nécessaire de l'enseignement supérieur colonial. Le 18 octobre dernier, le Conseil général des Bouches-du-Rhône émettait le vœu que cet enseignement fût établi à Marseille ; il ne peut être complet qu'à l'aide de la Faculté de Droit dont dépendent la Législation et l'Economie Coloniale ; La Faculté des Lettres peut seule fournir le cours si important de Géographie Commerciale. Enfin, le Conseil de l'Université ne peut pratiquement accepter, je suis en mesure de l'affirmer, la création de l'enseignement supérieur colonial de Marseille que le jour où les Facultés y seront groupées.

Il est superflu de rechercher si l'enseignement supérieur colonial pourrait être établi à Aix ou à Gardanne. Dans la première de ces deux villes, l'expérience est faite : le cours de législation coloniale a été supprimé en 1896 à la Faculté de Droit faute de 1.500 francs de subvention, comme l'était la même année à la Faculté des lettres le cours d'Histoire de l'Art parce que, dit le rapport de M. l'Inspecteur Charvet "l'Ecole de dessin d'Aix végète dans une médiocrité désespérante".

Mais il est temps d'indiquer à côté de ces exemples que, par délibération du 10 juillet 1896, la Municipalité de Marseille s'est engagée à prendre à sa charge tous les frais du transfert provisoire de la Faculté, et à doter de 30,000 francs par an, pendant la période du transfert provisoire, les Facultés réunies dans notre ville.

De plus, le transfert définitif opéré et le siège de l'Université et de l'Académie obtenu, la ville de Marseille contribuera annuellement et à perpétuité par une dotation de 50.000 francs. Elle participera pour moitié aux frais de l'Etat pour le transport définitif, l'achat des terrains et les constructions des Facultés. Enfin elle réserve à Saint-Charles un terrain de 5.000 mètres environ pour y construire, d'après les plans et

devis proposés par l'Etat, la Faculté de Droit et des
Lettres, les bâtiments académiques et logement du rec-
teur. Le prix du terrain et des constructions sera par-
tagé entre la Ville et l'Etat.

En regard de ces engagements, voulez-vous savoir
quelle a été de 1870 à 1896 la contribution d'Aix dans
les 50 millions dépensés par les villes de Facultés au
profit de l'enseignement supérieur ? 32.000 francs
contre 200.000 fournis par Besançon, 440.000 par Poitiers, 1 million par Caen, 2 millions par Montpellier,
5 millions 1/2 par Lyon.

Aucune amélioration n'a été apportée par Aix aux
bâtiments surannés des Facultés des Lettres et des
Droits; pendant que dans toute la France le chiffre des
étudiants est depuis 1870 monté de 9.500 à 30.000, la
Faculté d'Aix est tombée aujourd'hui à une centaine
d'étudiants dont la grande majorité dispensée de l'assiduité. Deux chaires nouvelles ont été créées à la Faculté des Lettres dans ces dernières années, mais aux
frais du département, c'est-à-dire presque entièrement
aux frais de Marseille.

La Faculté des Lettres coûte annuellement à l'Etat
70.000 francs pour le seul personnel enseignant ce
qui fait une moyenne de 15 à 20.000 francs de dépen-
ses pour chacun des 3 ou 4 élèves libres de la Faculté
d'Aix. Les boursiers se présentent rarement au concours pour profiter des avantages qui leur sont offerts.
Il n'est pas à notre connaissance qu'Aix en ait fourni
aucun. Par contre, l'obligation de tenir compte des
heures de travail des répétiteurs du lycée d'Aix (beaucoup moins nombreux que ceux du lycée de Marseille)
ne permet pas d'organiser les cours, de telle manière

qu'un étudiant marseillais qui a le courage et les
moyens de prendre le train tous les jours puisse,même
en perdant sa journée, profiter de toutes les leçons.
Bien plus, l'affiche unique de l'Université d'Aix-Marseille nous apprend que l'on peut le même jour suivre
un cours à 2 heures à la Faculté des Sciences de Marseille et à 3 heures à la Faculté des Lettres d'Aix. Si
nous voulions passer du sévère au plaisant,nous pourrions vous narrer qu'il y a quelques années le cours de
géographie était fait à la Faculté des Lettres par un pro-
fesseur du Lycée de Marseille. Il avait un élève de
Marseille. L'un et l'autre partaient par le même train
pour professer et suivre le même cours à Aix. Quant à
la Faculté de Droit, les étudiants fictifs inscrits sur ses
registres avec les dispenses d'assiduité diminuent de
plus en plus depuis que notre Faculté libre leur offre
un enseignement si apprécié. Le doctorat exigé de
ceux qui veulent profiter des dispenses de la loi mili-
taire oblige encore un certain nombre d'élèves à aller
suivre à Aix des conférences qui ne leur sont pas offer-
tes ici. Mais que ces dernières victimes se rassurent :
notre Municipalité est prête, quoi qu'il lui en coûte, à
instituer à Marseille des conférences de doctorat. Leur
création précipitera la lamentable agonie de la Faculté
d'Aix.

Nous ne parlerons ici que pour mémoire des ridi-
cules sacrifices de temps et d'argent imposés au famil-
les dont les enfants passent à Aix toutes sortes d'examens universitaires, du temps que perdent à Aix les
professeurs de la Faculté des Sciences de Marseille
pour les examens du baccalauréat ès-lettres, et à
Marseille ceux de la faculté des Lettres d'Aix pour

les examens du baccalauréat ès-sciences, de la diffi-
culté qu'éprouvent les professeurs des deux villes
pour leurs fréquentes réunions du Conseil de l'Université.

C'est le cas ou jamais de citer cette phrase écrite en
1886 par M. Lavisse, Directeur de l'Enseignement
supérieur : « Quelle vie commune entre établisse-
« ments éloignés les uns des autres ? Ainsi réalisées,
« les Universités ne seraient qu'une affiche trom-
« peuse. »

On disait cette année dans le cabinet du ministre
de l'Instruction publique comme en 1887 à la tribune
du Parlement : « Si l'on transfère la Faculté de l'Etat
« dans la ville de Marseille, la Faculté catholique de
« Marseille viendra s'établir à Aix, prendre la place
« toute chaude des Facultés de l'Etat, et profiter de
« leur vieille et grande réputation. » Nous venons de
voir ce que devient cette vieille et grande réputation
sous l'égide de la ville d'Aix; il convient d'ajouter que
la Faculté catholique n'existe plus, elle s'est dissoute
l'année dernière. La Faculté municipale est profondé-
ment éclectique dans ses éléments et universitaire
dans sa destination. A la séance de rentrée de novembre 1896, mon excellent ami M. le doyen Aicard disait : « Nous voulons que notre œuvre soit grande et
« prospère pour disparaître dans une apothéose et
« faire place à l'Université de Marseille ce foyer de
« science et d'intelligence auquel a droit notre grande
« et belle cité, et qu'on lui a refusé jusqu'à ce jour. »

J'avais raison de vous parler en commençant de
l'abnégation de nos professeurs. Ils détiennent seuls
aujourd'hui dans notre ville l'enseignement juridique.

Ils se sont solennellement engagés à ne le détenir qu'à titre précaire. Le jour où ils remettront à l'Etat le trésor amassé pour lui, qui donc serait assez téméraire pour tenter d'aller ressusciter à Aix, si près de l'Université de Marseille, des écoles qui dépérissent entre les mains des professeurs officiels les plus renommés.

Il y a trois ans, le Conseil général a émis à l'unanimité, un vœu en faveur de l'Université de Provence. Les réticences qui accompagnent et suivent ce vœu, sous la forme de réserves pour les droits de la ville d'Aix, et de questions préalables, ne sauraient nous émouvoir. Tout le monde sait que, dans notre représentation départementale, près de 500.000 habitants d'une part n'ont pas plus de représentants que 150.000 de l'autre. Le jour où cette criante inégalité aura disparu, les votes du Conseil général donneront un résultat plus éclatant et plus conforme à la volonté de ses mandants.

A bout d'arguments on a essayé d'effrayer le pouvoir exécutif en lui représentant qu'il était incompétent pour prononcer le transfert, que celui-ci ne pouvait être ordonné que par une loi. Le moyen était habile ; nous savons tous quelle peut être dans les sinuosités de la procédure parlementaire l'odyssée d'un dossier contesté et réservé pour les intervalles de la politique militante. Mais, respectueux du principe de la séparation des pouvoirs, nous n'accepterons jamais que les Chambres soient chargées d'arbitrer entre Aix et Nous. Ce n'est pas que nous doutions de la réponse qui nous est due, c'est uniquement parce que tout retard est une méconnaissance de nos droits.

Je voudrais compléter ce trop aride exposé en rappe-

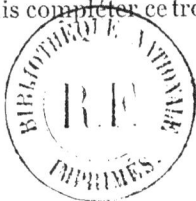

lant quelques textes qui régissent la matière, et en les rapprochant de leurs espèces. En réalité, nous pourrions demander trois transferts le moins urgent, celui que nous ne réclamons pas présentement, est le transfert de l'Académie d'Aix c'est-à-dire d'un rouage administratif de l'Université, plus important par la qualité que par le nombre ; son séjour à Aix ne comportera pas tous les inconvénients déjà énumérés.

Le chef lieu académique a été créé par une loi, celle du 14 juin 1854, et doit être déplacé par une loi.

Par contre, les deux transferts que nous réclamons instamment pour la vitalité intellectuelle et la loyauté de l'Etat universitaire de notre région, sont ceux de la Faculté de Droit et de la Faculté des Lettres.

Les Facultés de Droit ont été créées par la loi du 22 Ventose an XII. Cette loi organique indique au titre VII, article 38, paragr. 1 et 8, qu'il sera pourvu par des règlements d'administration publique à son exécution, notamment en ce qui concerne le placement des écoles de Droit.

Le 21 Septembre 1804, Napoléon par un simple décret cette fois, détermine ce placement à Paris, Dijon, Turin, Grenoble, Aix, Toulouse, Poitiers, Rennes, Caen, Bruxelles, Coblentz et Strasbourg. Cette énumération évoque le beau vers de Victor Hugo

l'Europe ne fait plus qu'une France géante.

Mais le nom de Strasbourg rappelle à de tristes réalités, j'ai hâte de revenir à mon sujet.

Donc les Facultés de Droit en général, sans aucune indication de résidence, ont été créées par une loi, mais chacune des Facultés existantes n'a dû sa naissance qu'à un décret spécial. La Faculté de Douai, transférée à Lille par le décret du 22 Octobre 1887, avait été créée par celui du 28 avril 1865. Ce décret se référait simplement à la loi organique du 22 Ventose an XII (13 mars 1804).

Une fois de plus la situation de fait et de droit est identique à Aix et à Douai.

Pour les Facultés des Lettres, la question est plus simple : ici, pas de loi générale organique, rien que des décrets. La Faculté de Douai est créée dans cette ville par le décret du 22 août 1854, et normalement transférée par le décret du 22 octobre 1887. La Faculté des Lettres d'Aix a été créée par un décret de Louis-Philippe, du 12 juin 1846. Quant au décret de transfert obtenu par Lille, il y a onze ans, nous l'attendons encore.

Nous l'attendons en dépit des instances de nos municipalités, de l'insistance répétée de MM. Charles Roux et Bouge, députés, pendant les deux dernières législatures, malgré la propagande des écrits et les manifestations de notre Société des Amis de l'Enseignement supérieur.

C'est exclusivement du Pouvoir exécutif que dépend la solution. C'est à lui qu'incombe le devoir d'appliquer la loi de 1896 dans tout son esprit, de faire cesser l'anomalie déplorable dont l'Université de Marseille donne seule le spectacle. La situation présente est une entorse à la loi, et une lésion pour le patrimoine intellectuel de notre pays ; le gouvernement doit agir ; à moins qu'il ne transfère à Aix la Faculté des Sciences et l'Ecole de Médecine, il doit agir suivant nos vœux, et donner libre cours au magnifique essor que prendrait dans notre cité l'enseignement supérieur bientôt ranimé.

J'ai à m'excuser d'avoir trop longtemps retenu votre bienveillante attention sur des considérations arides et des énumérations de textes. Il m'eût été loisible d'adopter le ton facile de la polémique, et de vous lire un pamphlet. Mais dans une chose aussi grave il convenait de procéder avec plus de sérénité, j'ai voulu essayer de reconstituer la genèse de la question pour préciser et vulgariser des argumentations un peu éparses. J'ai voulu m'adresser au sens juridique des étudiants qui nous écoutent. Lorsqu'ils auront bien apprécié combien nos raisons sont invincibles, c'est la jeunesse studieuse qui sera l'apôtre de nos revendications et notre cause sera gagnée.

Le transfert s'impose tous les jours davantage, mais confier au temps le soin de fixer son échéance fatidique serait un inexcusable oubli. Les réformes qui touchent à la vie intellectuelle d'un peuple mûrissent lentement. La rapidité de leur accomplissement automatique dans le cycle de la vie nationale, n'a aucun rapport avec la durée des générations contemporaines. Si nous ne voulons pas léguer à nos petits enfants l'espoir d'une Université de Provence, tous les hommes de bonne volonté doivent se liguer pour éclairer et déterminer le gouvernement de la République.

Sans l'action de cette solidarité, nos démarches seront longtemps paralysées par les défenseurs naturels de la ville d'Aix. L'un d'eux, Aixois par tous ses liens et tous ses intérêts, s'est acquis dès longtemps dans les Conseils du Gouvernement une juste autorité récompense de l'intégrité de sa vie politique. L'autre, récemment élu, fait partie de nos Facultés ; il défendrait peut-être avec nous la cause de l'Instruction publique et serait d'accord avec le Conseil de l'Université et l'unanimité de ses collègues, s'il n'était lié par les articles classiques du programme électoral aixois. Loin de moi, la pensée de leur reprocher leur vigilance, à ces honorables représentants, mais nous défendons l'intérêt général contre les dernières convulsions d'une résistance locale. Après la ruine prochaine des deux Facultés, cette résistance n'aura même plus l'excuse de l'intérêt.

J'avais l'honneur de vous dire en commençant qu'un intérêt particulier, susceptible de recevoir une compensation, ne peut être sauvegardé que par un dédommagement. Cette compensation on était disposé à l'accorder et nous sommes prêts à nous unir à nos voisins pour la solliciter. Qu'ils renoncent à une lutte stérile pour eux, néfaste pour notre Provence, qui est aussi la leur, néfaste pour l'avenir de leurs enfants. Ces derniers ont le même intérêt que les 1.500 élèves de notre lycée, les 700 élèves de nos établissements libres, à voir s'épanouir, dans une ville riche et agissante l'Université dont les bienfaits rayonneront bien au-delà du cercle étroit de nos sous-préfectures.

Quand l'œuvre sera accomplie, notre Faculté des Sciences, dont les laboratoires sont misérablement installés dans les caves du Pharo, pourra offrir à l'industrie des ressources dignes de l'une et de l'autre.

La Faculté des Lettres qui compte plus de 200 élèves à Bordeaux, et de 300 à Lille, verra accourir une jeunesse avide de savoir. Elle trouvera dans cette magnifique bibliothèque, dans le contact des 900 élèves de notre Ecole des Beaux-Arts, dans notre Musée d'Archéologie, dans notre cabinet des médailles, dans la belle architecture et les tableaux de notre musée de peinture, dans les auditions peu communes de nos concerts classiques et dans toutes les beautés de notre grande Ville tous les privilèges de l'érudition et de l'esthétique.

Le Commerce, le Droit, la Médecine formeront avec les Lettres une superbe et harmonieuse union. Ceci, Messieurs, n'est pas un rêve, ni l'œuvre d'une imagination complaisante.

Il y a quelques semaines se réunissait dans notre Ville le Congrès de la Société de Géographie. La salle du Grand-Théâtre avait été mise à sa disposition pour des conférences publiques sur les questions scientifiques et coloniales. Tous les soirs, des milliers de personnes appartenant à toutes les classes de notre population se pressaient attentives autour de nos savants de la Sorbonne et de l'Institut, habitués à des auditoires plus froids et plus clairsemés. Ce fut pour eux un agréable étonnement et pour nous. un émouvant orgueil.

Dans les grandes villes industrielles où l'activité toujours en mouvement tient sans cesse l'esprit en éveil, on est peut-être plus apte qu'ailleurs, après les travaux pratiques de la journée, à s'élever dans les idées générales, à rechercher et à saisir ce que Sainte-Beuve appelle avec tant de charme : « la superfluité immortelle et légère de « l'art et de la vie. »

Notre atticisme, notre situation géographique, notre importance économique, les avantages que nous offrons, le besoin évident de cohérence et de connexité des hautes études, tout concourt à établir nos droits.

Lorsque nous réclamons une réforme fiscale ou douanière, on nous oppose l'intérêt prétendu contraire de la France tout entière. Là où il s'agit d'une mesure qui peut ne léser personne, de notre salut scientifique, de notre prestige à l'étranger, nous devrions être plus heureux.

Mais il ne faut désespérer ni du bon vouloir du gouvernement, ni de la clairvoyance de nos voisins. Vos élus poursuivront sans faiblesse la tâche commencée, ils ne peuvent pas comme Chamfort, « être découragés du peuple avant de l'avoir servi. » S'il faut lutter jusqu'au bout, nous serons plus fiers de notre Université, car elle sera notre conquête.

Imp. du *Sémaphore*, BARLATIER, Marseille.